Estrategia del terror

Autor: Julio Cesar Mateo Perez

Prologo

En este libro el autor trata de compartir con el lector , su posición sobre la cris de gobernabilidad en Haití y su repercusión en la Republica Dominicana

Índice

La estrategia del terror

Aunque es una realidad la lucha entre las grandes potencias por la supremacía del poder económico y político a nivel global, parecería usan la misma estrategia de amenaza de guerra, para desviar la atención de sus conflictos internos por un lado y desarrollar la industria armamentista pesada por el otro, para fortalecer las deterioradas economías que ha provocado la pandemia del covid 19. La bandera del nacionalismo está siendo levantada por Ucrania al reclamar a Crimea como parte de su territorio con el respaldo de los Estado unidos. De igual manera china reclama a Taiwán y amenaza con intervención militar si es necesario. Esta situación acompañada de la guerra comercial y tecnológica desvía la atención a los conflictos internos a que está sometido el partido comunista chino y su gobierno ante los reclamos de mayor equidad en la mejoría de la calidad de vida del ciudadano común. La lucha por el control del negocio del gas natural entre Rusia y EUA para suplir a los países de Europa plantea un conflicto que pone entre la espada y la pared a los países europeo. El ducto de suministro que está construyendo Rusia con el respaldo de Alemania, se encuentra con el muro de contención que representa la oposición de los EUA para que el mismo sea concluido, quien ya está imponiendo sanciones a todas las compañías que participan o colaboran en la construcción del mismo. La anti diplomática declaraciones del presidente J. Biden al referirse al presidente Ruso B. Putin como un asesino obedece a una sabia estrategia de promover la confrontación exterior frente a los conflictos internos del país. Si observamos la guerra comercial y tecnológica de las grandes potencias, debemos concluir que grandes decisiones tendrán soluciones negociadas entre las grandes potencias y el resto de naciones tendrán que alinearse en bloques con la potencia que más se identifique con sus intereses. La resistencia de China y Rusia a la política de sanciones por parte de EUA por motivos meramente económico o geopolítico, condenara a los países más vulnerables a cargar con más desigualdad en su relaciones comerciales y política con los EUA.

Una alerta importante.

A partir del miércoles ocho de junio del 2021, la prensa internacional, radial, escrita, televisión y redes sociales han reseñado noticias sobre *el asesinato del presidente haitiano Jovenal Moises. Sin pretender inmiscuirme en los asuntos internos de Haití, por lo que puede implicar esta acción a los intereses de la republica dominicana, felicito la acción del presidente Luis Abinader por la decisión de cerrar la frontera con el país vecino, pero a mi humilde entender, esta simple acción no es suficiente para garantizar la paz y la estabilidad de los ciudadanos dominicanos en el futuro, si no se toma este precedente, para tomar medidas preventivas de parte de la inteligencia militar responsable de la integridad y soberanía de la nación dominicana. Si analizamos las recientes noticias de violencia e* inseguridad, caracterizada por la proliferación de bandas armadas que reivindican la acción de secuestros de visitantes extranjeros, incluyendo dominicanos y haitianos, así como, la intención de resaltar la provocación que significa el desvío de las aguas del rio masacre, de manera unilateral, sin un acuerdo racional con la delegación diplomática conforme al tratado fronterizo, no sería descabellado pensar , que esa acción podría ser una distracción, para ocultar la acción primaria de asesinar al presidente. El hecho cierto de que la repudiable acción fue ejecutada por un batallón de mercenarios debe llamar la atención del presidente y del equipo encargado de la seguridad del mismo, frente al liberalismo del mandatario en su accionar público. "Guerra avisada No mata Soldado". No es mi intención infundir miedo, pero si advertir sobre la posibilidad de que fuerzas interesadas en pescar en rio revuelto, fuera in dentro de república dominicana, vean la acción caótica de un conflicto con Haití, el escenario favorable para imponer su regla de juego tanto en Haití como aquí. La defensa de la soberanía dominicana es innegociable. El uso de la vía diplomática, es la vía de entendimiento para la paz y la convivencia pacífica aprobada por el pueblo dominicano. Si el uso de mercenario fue un ensayo con la acción criminal contra el presidente Jovenal, el propio pueblo haitiano se ha encargado de darle su merecida repuesta, con su rápida acción de apresamiento y sometimiento al orden. El pueblo dominicano debe rechazar la acción de los mercenarios, financistas y promotores de estas acciones, para la preservación de la paz y tranquilidad de ambos pueblos: dominicano y haitiano.

Eventos para pensar.

Ríos de lavas corren haciendo su caudal. sediento y silenciosos se dirigen hacia el mar. Buscan enfriarse o tal vez calentar, las frías aguas del inmenso mar que le impiden avanzar.   Ocurren terremotos por aquí hasta llegar a Haití. Dejando muertos vivos y vivos muertos por allí. Hombres, mujeres, ancianos y niños sin saber a dónde ir, sin alimentos, techo, ni medicinas luchando por vivir. Una pandemia pasa factura sin mirar, si eres rico poderoso   o   un   simple parroquial, enviando al mundo, un mensaje espiritual. Ruido de guerras por todos lados se pueden escuchar, para vender armas destructiva y medicinas para curar. Grandes potencias se ríen de todos por igual, prestando fácil, de forma sabia, para poder controlar. El mundo en crisis, transita a la deriva, dirigido por grandes hombres que no saben a dónde van. Aunque nublado luzca el firmamento terrenal, una lluvia de esperanza la puedes iluminar. El rompimiento de las reglas vecinal, es una norma, si hay ventaja comercial. Siento tristeza e impotencia al observar, que las muertes de muchos, no se pueden evitar. Parecería estar en los cierto el misionero Juan, al anunciar la señal final. _¿Dónde estás Dios, los no creyentes suelen preguntar? Esta aquí, tratando de cambiar la moral y la fe, Para que los hombres vivan con la dignidad e integridad de Jesucristo.

En Busca del Botín

Lo que está pasando en Haití, obedece a una estrategia bien planificada, que busca generar un conflicto entre los dos países, cuya solución justifique la intervención de la comunidad internacional para solucionar el problema de emigración que está afectando a la región. Esto parecería tener lógica, pero hay otra razón de mucho peso que coloca a la republica dominicana en el centro de interés de naciones grandes. Se trata de la existencia en el país de metales críticos, necesarios para la realización de la revolucionaria transformación, de cambiar la industria termo mecánica que conocemos hoy, por la electromecánica en el caso de la industria mecanicamotriz del automovilismo, además de la búsqueda de la supremacía tecnología en la lucha que libran las grandes potencias por el desarrollo de la industria tecnológica y la inteligencia artificial. No hay duda que la industria minera es parte interesada en el conflicto. El oro, el litio, el aluminio, el Meckel y las tierras raras de cabo rojo en pedernales representan un botín, que, en tiempo de una crisis internacional, cualquier potencia les gustarías controlar y explotar. La decisión del presidente de proteger nuestra frontera es correcta y merece el respaldo de todos los dominicanos a nuestras fuerzas armadas. El Pueblo dominicano está llamado a tomar las plazas, si es necesario, para defender nuestra soberanía y nuestros recursos, si queremos garantizar la precaria calidad de vida que hoy disfrutamos y la paz que merecemos, si intrusos extranjeros intentan robárnoslas.

Preservemos nuestras instituciones.

Es innegable que el flagelo de la corrupción y el narcotráfico ha permeado, desde hace mucho tiempo, a nuestras instituciones. Los partidos políticos, diputados, senadores e instituciones militares y policiales no escapan de los males denunciados por la ciudadanía. Estas acciones merecen el rechazo social, pero debemos tener cuidado y observar algunos hechos ocurridos, que parecen estar relacionado con intereses particulares, ajenos al interés nacional. Este indeseado comportamiento de algunos de nuestras representantes, ha servido de base para la manipulación y chantaje, al momento de tomar decisiones que afectan el interés general, a favor de intereses particulares de otras naciones. El tratar de magnificar el descredito de nuestras imperfectas instituciones, solo puedes conducirnos a un caos, similar al que está viviendo Haití. Si metemos en un mismo saco a nuestros imperfectos partidos políticos, quizás no sea trascendente internamente, pero para los que tratan de dirigir el país a control remoto, sobre la base del chantaje y la manipulación, van en coche. Imagínense que nuestras instituciones militares y policiales, están asesoradas por organismo de otras naciones, que conocen con documentos el historial de los han dirigido y dirigen esas instituciones. ¿Cuál sería su posición frente a la solicitud de colaboración para el logro de objetivos de la nación asesora? No prestando juzgar la integridad personal de los involucrados, pero, si existe de forma estratégica, un expediente de extradición, posiblemente haya colaboración a la nación que maneja la información, aunque el interés nacional sea afectado. Partiendo de esta triste realidad, soy de opinión, que los dominicanos estamos llamados *a corregir las falencias, pero defender con gallardía nuestras instituciones, si queremos existir como una nación independiente u soberana, como la ideo, Juan Pablo Duarte y los patriotas que nos dieron la nacionalidad.*

El trio del terror.

Era una 'práctica común, el tratar de amedrentar a los niños, utilizando como cuco, algunos conocidos personajes de la época, que, por su estilo de vida u oficio, se hicieron folclórico en la provincia de san juan. Me refiero a Vale Toño, Túpiale y Toño el tuerto. Vale Toño era un hombre fornido, gracia al esfuerzo que tenía que realizar en su labor de cargar y descargar la carne, al ser transportada del matadero al mercado. Su aspecto no era muy atractivo que digamos. Era de color mestizo, con cara redonda y ojos achinados, pero saltones y bien abiertos. Para infundir miedo, su sonrisa era una mueca, en la que trataba de abril la boca al máximo con los dientes apretados y abría desmesuradamente los ojos, como si se fueran a explotar. Esa forma natural de interactuar con los que hacían filas en el mercado, para comprar la carne, lo hicieron famoso, al utilizar su extraña personalidad, para meter terror a los niños que no querían acostarse temprano o que se negaran a ir a la escuela. Para los mismos fines se usaba el nombre de Túrpiale, quien era un vendedor ambulante, conocedor de la psicología de las mujeres para venderles pañuelos, pinchos, rolos y todos los adornos habidos y por haber que se le ocurriese. Su fama la logra con el uso de la careta del diablo cojuelo, los días de aniversario de la independencia nacional. Al otro personaje del trio le llamaban _Toño el tuerto_, quien tenía el ojo derecho tapado con un trozo de tela, atado de la cabeza, similar a los que usan los personajes de piratería en las revistas o paquitos. Siempre andaba con su machete colgado de su cintura. Caminaba con paso lento como si nadie lo estuviera esperando. A pesar de ser irrespetado con frases inapropiadas, por parte de algunos jóvenes, nunca escuche que agrediera a nadie. Su venganza consistía en careliarlo machete en mano para asustarlo. Por su peculiar fisonomía, su nombre era utilizado para infundir miedo a los pequeños. Los que los conocieron y compartieron conmigo esa época, estarán de acuerdo con mi opinión, que, en lugar de infundir miedo, fueron personajes de diversión para la juventud, aunque algunos fueron víctimas del fuete de turpiale.

Rechazo, amor y dolor

Linda era el nombre de la perra, que asumió como hogar, el área de construcción de dos plantas de generación de energía, en la central Los minas. Manuel

Chaves demostró su amor por los animales, con su acción de recolectar comida en todos los restaurantes que visitaba, para llevársela a Linda, quien se ganó el cariño de todo el personal, por su acompañamiento en todas las actividades que realizaban, como si se tratara de una supervisora. Nunca tuve la virtud de ser un amante de los animales, salvo los caballos, porque me gustaba montarlo y correr, para sentir en libertad, la briza generada por el galope. Linda pario ocho perros y los trabajadores de inmediato se los repartieron. Para mi sorpresa a la hora de salida, uno de los trabajadores se presentó a mi oficina ocultando algo debajo de su franela. Luego de saludarme, me dijo _ Ingeniero yo le traje un regalo_ ¿de qué se trata le pregunté? Y se levantó la franela y saco un perrito, de pelo amarillo brillante con la cabeza negra y me dijo_ este es el más bonito y lo guarde para usted_. No me atreví a decirle que no me gustan los perros, le di las gracias y cargué con mi perro. Al llegar a la casa la protesta no se hizo esperar, mi esposa y mis hijas les tenían miedo a los perros y no querían perro en la casa. Le pedí que me dieran un par de días hasta que encontrara a quien regalárselo. El perrito era inteligente, cariñoso y juguetón. Al tercer día se convirtió en la atracción de la casa. Elegir el nombre fue motivo de un debate familiar hasta que aceptamos el nombre de Benyi. A medida que iba creciendo su nombre se hizo popular en el vecindario. Todos estábamos felices con él, hasta que recibí la queja de los vecinos distantes, que el perro le ladraba y trataba de agredirlo, al pasar por el frente de la casa. Esta situación me hizo tomar la decisión de amarrarlo en el patio de la casa, pero cuando lo soltaba se convertía en un terror para los otros perros y macotas de los vecinos, aunque en la casa y los vecinos del frente era un amor. Para todos, interactuar con él era un gozo, hasta el fatídico día que mis hijas corrieron hacia mi envuelta en llanto, para decirme que Benyi estaba agonizando y botando espuma por la boca, Supuse que lo habían envenenado y corrimos a tratar de auxiliarlo. Con la ayuda de la vecina Tata le abrimos la boca y le introdujimos todo lo que dijeron que podía cortar el veneno, pero el esfuerzo resulto en vano. El llanto de mi esposa y mis hijas atrajo a la vecina que se sumó al griterío, Aunque no puedo negar que me salieron mis lagrimitas-